Verena Zemme · Fiesta fantastica für dich!

Für Bärbel,
einer lieben Freundin,
Ratgeberin und
klugen Mensche.

Claudia

Verena Zemme

Fiesta
fantastica
für dich!

GONDROM

Verena Zemme leitet eine Text- und Bildagentur in Breitenstein. Ihr besonderes Interesse gilt Ratgebern zu Koch- und Gesundheitsthemen sowie Geschenkbüchern.

© Gondrom Verlag GmbH, Bindlach 2008

Covergestaltung: Christine Retz
Coverfoto: © StockFood.com /Mary Ellen Bartley

Bildnachweis:
Stockfood: K. Arras (33, 63), Quentin Bacon (49), Uwe Bender (13, 21, 71), Leigh Beisch (37), Harry Bischof (39), M. Brauner (79), Caspar Carlott (31) James Carrier (23), Jean Cazals (29), David Loftus Limited (9), Susie M. Eising (61), FoodPhotogr. Eising (11, 57, 59), Fotos mitgeschmack (17), Ian Garlick (41, 65), Nicolas Leser (69), Jennifer Levy (47), Louise Lister (35, 53), Anita Oberhauser (27), Antje Plewinski (45, 67, 73), Renee Comet Photography (77), Lew Robertson (25), Amos Schliack (55), Oliver Schwarzwald (19), Studio Bonisolli (43), Frank Wieder (51), Bernhard Winkelmann (75), Armin Zogbaum (15)
Pitopia: Andreas Zeilinger (7)

Illustrationen: Susanne Schattmann, Nürnberg

011

ISBN 978-3-8112-3133-7

5 4 3 2 1

www.gondrom-verlag.de

Inhalt

Einladung zur Fiesta!

Wer träumt nicht ab und zu vom Urlaub? Wo Erholung, Spaß und Lebensfreude zu Hause sind, wo wir Essen und Trinken in gelöster Stimmung und geselliger Runde wirklich genießen können. Mit unserer Fiesta zaubern wir uns diese Atmosphäre. Wir laden Sie ein zu Sangria und Tapas, fruchtigen Cocktails und herzhaften Burritos, scharfen und süßen Snacks sowie exotischen Köstlichkeiten vom mexikanischen Grill und aus der karibischen Pfanne.

Ebenso wie mediterrane Essgewohnheiten in den ehemaligen spanischen Kolonien heimisch wurden, so fanden umgekehrt Spezialitäten aus Mittel- und Südamerika ihren Weg nach Europa: Ananas, Limetten und Mangos gehören bei uns längst zum Sortiment eines gutsortierten Supermarktes. Chili und Tacos, Zuckerrohrschnaps und Tortilla-Chips sind überall erhältlich, und nicht wenige Leute haben auf Urlaubsreisen bereits Bekanntschaft mit kreolischer und Cajun-Küche gemacht. Die besonders bei jungen Leuten beliebte Tex-Mex-Gastronomie ist als fröhlich-bunter Mix aus verschiedenen Esskulturen genau das Richtige für eine Fiesta fantastica!

Kreolische und Cajun-Küche – das Prinzip Vielfalt

Die Küche der karibischen Inseln hat ihre ganz eigene Genusswelt, die häufig unter dem Begriff »kreolisch« zusammengefasst wird. Viele Besucher sind überrascht von Gewürzmischungen, die wir eher aus indischen oder thailändischen Restaurants kennen. Koriander, Cumin und Kokosmilch kommen hier zum Einsatz und ergeben

Fruchtige Schätze der Karibik

Ananas, Bananen, Papayas, Mangos, Avocados und Guaven gehören neben zahlreichen anderen, nur regional verbreiteten Obstsorten zum Reichtum der mittel- und südamerikanischen Länder. Europäische Touristen können oftmals nur staunen über die Vielfalt an leckeren Vitaminspendern. Obst wird bereits zum Frühstück frisch gegessen; zum Dessert bevorzugt mit süßen Saucen. Frisch gepresste Obstsäfte werden überall angeboten. Ungewöhnlich ist für unseren Gaumen die Kombination von Früchten mit herzhaften Speisen, Fisch und Fleisch – das Ergebnis wird Sie schnell überzeugen!

mitunter ganz eigene Currys. Der weltweit beste Piment (Nelkenpfeffer) kommt aus Jamaica, daher werden die schwarzen Körner in vielen Rezepten verwendet. Schalentiere, Fisch und Geflügel, Süßkartoffeln, rote oder schwarze Bohnen, Limetten, aber auch Früchte wie Ananas und Papaya sind beliebte Zutaten.

Die Cajun-Küche der französischen Siedler, die sich im sumpfigen Hinterland Louisianas niederließen, trägt ähnliche, aber deftigere Züge mit reichlich Saucen und kräftigen Fleisch- und Wurstsorten. Typisch ist die »heilige Dreifaltigkeit« der Grundzutaten Zwiebel, Paprika und Staudensellerie. Die Auswahl an Meeresfrüchten ist in New Orleans durch die Lage am Golf von Mexiko ebenfalls groß. Eine Etagere mit frischen Austern findet sich in praktisch jeder Bar. Nicht umsonst stammt übrigens auch die bekannte Tabasco-Sauce aus Louisiana – scharfer Würze ist man hier zugeneigt. Das berühmteste Gericht der Cajun-Küche ist jedoch der »blackened fish«:

frischer Fisch, der vor dem Grillen mit einer speziellen Würzpanade eingerieben wird. Das Ergebnis ist der Beweis, dass »Multi-Kulti« in der Küche bestens funktioniert!

Tapas – klein raffiniert und fein

Tapas sind eine Art geflügelter Begriff geworden. In Mexiko nennt man die Kleinigkeiten zum Drink »Botanos«. Dabei kann es sich einfach um Oliven, etwas Knabberzeug und vielleicht ein paar Scheibchen Landschinken handeln. Je nach Region und Ehrgeiz des Wirtes könnte aber auch raffiniertes Fingerfood aus Fleisch, Fisch, belegten Broten und Tortilla auf den Tisch des Hauses kommen.

Streng genommen handelt es sich bei Tapas um Appetithappen, die zwischen den Hauptmahlzeiten zu Bier und Wein auf den Tisch kommen. Lassen Sie sich bei der Gestaltung Ihres Buffets von unseren Rezepten inspirieren und überraschen Sie Ihre Gäste!

Taco oder Burrito?

Was den Italienern ihre Pasta, ist den Mexikanern das Maismehl. Maismehl, »Masa«, wird in verschiedenen Formen verwendet: in Fladen gebacken als Brot, zum Dippen oder zum Füllen, aber auch für Backwaren und sogar Getränke. Neben Yucca und Bohnen war Mais schon für die Ureinwohner Amerikas ein wichtiges Grundnahrungsmittel. Je Nach Form und Füllung wird aus dem flachen Fladen im Handumdrehen ein Taco oder Burrito – ein schneller Partysnack!

Die Chili-Connection

Chilli-Pepper, Pimiento, Peperoni – viele unterschiedliche Namen haben die scharfen Schoten, die von Mittelamerika aus die Welt im Sturm eroberten. In Mexiko gibt es Dutzende verschiedener Sorten, dort »Chile« genannt, von denen bei uns bestenfalls Jalapeños oder Chile serrano bekannt sind. Für eine authentische Würze Ihres Fiesta-Mahls ist die Sorte zweitrangig, denn die asiatischen, türkischen oder amerikanischen Chilis, die Sie bei uns frisch erhalten, können Sie alle nach Lust und Laune verwenden. »Grün« bedeutet übrigens unreif, »rot« ausgereift – die Farbe ist jedoch kein Hinweis auf die Schärfe. Im Zweifelsfall erst ein kleines Stück probieren, bevor Sie eine ganze Schote in den Topf schnippeln! Etwas abmildern können Sie die Schärfe, wenn Sie die Kerne und Innenwände herausschaben.

Kleine Rum-Kunde

Rum ist wohl der bekannteste Exportartikel der Karibik. Er wird seit der Kolonialzeit in Jamaica, Barbados und benachbarten Staaten aus Zuckerrohr, genauer Melasse, seltener Zuckerrohrsaft gewonnen. Für viele Cocktails ist er eine unverzichtbare Zutat. Achten Sie beim Einkauf genau auf das Etikett. Nur »Original Rum« oder solcher mit Herkunfts- oder Jahrgangsbezeichnungen ist unverschnitten. Er hat 40 bis 54 Vol.-% Alkoholgehalt. »Echter Rum« ist ein Original Rum, der nach der Einfuhr auf 38 Vol.-% oder mehr verdünnt wurde. Unterschieden werden daneben brauner und weißer Rum. Während brauner Rum in traditionellen Holzfässern über Jahre hinweg reift, wird der weiße Rum in neutralen Stahltanks gelagert. Er ist milder im Geschmack.

Am besten tragen Sie während des Schneidens Gummihandschuhe.

Cocktails gehören dazu!

Neben all diesen köstlichen Leckereien dürfen fruchtige Gute-Laune-Macher wie unsere karibischen Cocktails oder eine spanische Sangria auf keiner Sommerparty fehlen. Aber auch in der kühlen Jahreszeit ist eine Mischung aus Zitrusfrüchten und Hochprozentigem durchaus gefragt. Einen guten Cocktail zu mixen, ist gar nicht so schwer. Für größere Runden können Sie Zutaten wie geschnittenes Obst, frische Fruchtsäfte und Crushed Ice gut vorbereiten. Der eigentliche Drink ist dann schnell fertig. Mit dem richtigen Glas und Dekor macht selbst ein einfaches Rezept viel her. Wohl bekomm´s und viel Spaß bei Ihrer Fiesta!

Chips und Dips

Für 4 Portionen; Arbeitszeit: ca. 30 Minuten,
Garzeit: ca. 25 Minuten

Für die Tomatensalsa

800 g Tomaten, 2 Zwiebeln, 3 Knoblauchzehen, 2 grüne Chilischoten, 80 g Frühstücksspeck, 1 EL Öl, Salz, Pfeffer, ½ TL getrockneter Oregano, 1 Prise Zucker

Für die Guacamole (Avocado-Dip)

1 Tomate, 1 kleine Zwiebel, 4 Knoblauchzehen, 2 grüne Chilischoten, 2 reife
Avocados, Saft einer ½ Zitrone, Salz, Pfeffer aus der Mühle

Außerdem: Tortilla-Chips

Zubereitung

1 Für die Salsa die Tomaten überbrühen, häuten, halbieren und entkernen, das
Fruchtfleisch in Würfel schneiden. Zwiebeln und Knoblauch schälen und fein
hacken. Die Chilischoten längs halbieren, entkernen, waschen und in feine
Streifen schneiden. Den Speck in kleine Würfel schneiden.

2 In einem Topf das Öl erhitzen und die Speckwürfel darin glasig braten. Zwiebeln
und Knoblauch dazugeben und goldgelb braten. Tomaten und Chili unterrühren, mit Salz, Pfeffer, Oregano und Zucker würzen. Etwa 20 Minuten offen
köcheln lassen, bis die Sauce dickflüssig ist. Die Salsa abkühlen lassen.

3 Für die Guacamole die Tomate, Zwiebel, Knoblauch und Chili wie oben vorbereiten. Die Avocados halbieren, den Kern entfernen, das Fruchtfleisch herausheben und mit einer Gabel fein zerdrücken. Sofort mit dem Zitronensaft
vermischen. Tomate, Zwiebel, Knoblauch und Chilistreifen unterrühren, mit
Salz und Pfeffer würzen.

4 Zum Servieren die Dips in Schälchen füllen und mit Tortilla-Chips anrichten.

Tex-Mex-Hähnchenspieße

Für 4 Portionen; Arbeitszeit: ca. 25 Minuten,
Garzeit: ca. 5 – 10 Minuten

Für die Spießchen

500 g Hühnerbrustfilet, eine Handvoll Salbeiblätter, Salz, Pfeffer aus der Mühle,
100 g Frühstücksspeck in dünnen Scheiben, gutes Pflanzenöl zum Braten

Für die Saucen

1 reife Avocado, Saft einer Zitrone, 100 g Joghurt, Salz, Pfeffer, einige Tropfen
Tabasco, 150 g Tomatensalsa (Rezept Seite 16 oder Fertigprodukt)

Außerdem: 2 Frühlingszwiebeln, Holzspießchen

Zubereitung

1 Das Hühnerfilet in dünne, längliche Streifen schneiden, Fettrand und Haut entfernen und eventuell etwas flach klopfen. Mit Salz und Pfeffer würzen, jeweils mit einem Salbeiblatt und einer Baconscheibe belegen und auf Holzstäbchen auffädeln. In einer großen Pfanne das Öl heiß werden lassen und die Spießchen darin rundherum knusprig braten.

2 Frühlingszwiebeln waschen, putzen und in feine Ringe schneiden.

3 Für die Sauce die Avocado halbieren, den Kern entfernen und das Fruchtfleisch mit einem Löffel herausheben. Die Avocado mit Zitronensaft und Joghurt pürieren. Mit Salz, Pfeffer und Tabasco abschmecken.

4 In breite, nicht zu hohe Gläser jeweils etwas Avocadocreme und dann Tomatensalsa einfüllen. Die gebratenen Hähnchenspießchen hineinstecken und mit den Frühlingszwiebelringen garnieren.

13

Scharfe Bananensuppe

Für 4 Portionen; Zubereitungszeit: ca. 40–45 Minuten

Für die Suppe

1 Zwiebel, 1 kleine Chilischote, 1 Selleriestange, 1 Karotte, 2 Kochbananen (Platanen), 3 EL Sesamöl, 2 Knoblauchzehen, 250 ml Orangensaft, 500 ml Gemüsebrühe, 200 ml Kokosmilch, 1 Döschen Safranpulver, Salz

Zum Garnieren

Zwiebelsprossen, ersatzweise andere Sprossen (Radieschen, Alfalfa) oder Kresse

Zubereitung

1 Die Zwiebel schälen und fein hacken, den Chili waschen, nach Wunsch entkernen und klein schneiden. Selleriestange waschen und in feine Scheiben schneiden, Karotte putzen und ebenfalls in feine Scheiben schneiden. Die Kochbananen schälen und in Würfel schneiden.

2 In einem Topf Zwiebeln, Sellerie, Karotte und Chili in Sesamöl andünsten. Den Knoblauch schälen und dazu pressen. Die Kochbananenwürfel kurz mitdünsten, dann mit Orangensaft, Gemüsebrühe und Kokosmilch ablöschen. Aufkochen und bei geringer Hitze etwa 20 Minuten köcheln lassen.

3 Die Suppe sehr fein pürieren. Mit Safran und Salz abschmecken und mit Zwiebelsprossen garniert servieren.

Gut zu wissen

Kochbananen oder Platanen sind in ihrer tropischen Heimat ein Grundnahrungsmittel. Die grünen, roten oder gelben Früchte können zwar notfalls durch noch nicht ganz reife Bananen ersetzt werden. Im Gegensatz zu den bei uns bekannten Obstbananen schmecken die mehligen, stärkereichen Kochbananen aber nur gegart oder frittiert.

Salsa fuego

Für 8 Portionen; Zubereitungszeit: ca. 25 Minuten,
Kühlzeit: ca. 2 Stunden

Für die Salsa

1,5 kg Fleischtomaten, 2 rote Zwiebeln, 2 Knoblauchzehen, 2 Chilischoten, Salz,
Pfeffer aus der Mühle, Saft einer Limette, 5 EL Olivenöl, 1 Bund Koriander

Zubereitung

1 Die Tomaten einige Sekunden mit kochendem Wasser überbrühen, abschrecken,
häuten, vierteln, entkernen und das Fruchtfleisch klein würfeln.

2 Zwiebeln und Knoblauch schälen und sehr fein hacken. Chilischoten waschen,
längs aufschneiden, entkernen, die weiße Innenhaut entfernen und fein würfeln.
Alles mit den Tomaten mischen. Mit Salz, Pfeffer, Limettensaft und dem Öl
verrühren.

3 Den Koriander kurz abbrausen und trocken tupfen. Die Hälfte vom Koriandergrün hacken und unter die Salsa rühren. Die Salsa zugedeckt mindestens 2 Stunden kalt stellen, damit sie schön durchzieht.

4 Vor dem Servieren das restliche Koriandergrün grob hacken und darüber
streuen.

Unentbehrliche Salsa

In Mexiko gehört eine Salsa einfach dazu: Ob zur Vorspeise oder als Snack zu
knusprigen Tortilla-Chips, zum Würzen von Reis und Gemüse, oder zu Fisch und
Fleisch. Das Wort »Salsa« bedeutet auch nichts anderes als »Sauce«. Je nach Chili-
sorte und -menge können Sie den Geschmack von mild bis höllisch scharf variie-
ren. Frischer Koriander ist eine wichtige Zutat. Sollten Sie ihn nicht ohne Weiteres
erhalten, können Sie ihn leicht auf der Fensterbank aus Koriandersamen ziehen.

Kokos-Garnelen-Bällchen

Für 24 Stück; Zubereitungszeit: ca. 50 Minuten

Für die Bällchen

2 Frühlingszwiebeln, 2 Knoblauchzehen, 1 rote Peperoni, 500 g küchenfertige
Garnelen, 2 EL Koriandergrün (klein geschnitten), Salz, Pfeffer aus der Mühle,
1 Ei , 3 – 4 EL Mehl, 3 EL Kokosraspeln, Öl zum Ausbacken

Für die Sauce

1 kleines Stück frischer Ingwer, 6 EL süß-scharfe Chilisauce (Fertigprodukt),
4 EL helle Sojasauce, 1 EL Limettensaft, das Grüne einer Frühlingszwiebel,
eine Handvoll Koriandergrün

Zubereitung

1 Für die Bällchen die Frühlingszwiebeln putzen und grob hacken. Knoblauch
   schälen, Peperoni entkernen und klein schneiden. Garnelen im Sieb kalt
   abspülen, abtropfen lassen, auf Küchenpapier geben und gut trocken tupfen.

2 Frühlingszwiebeln, Knoblauch, Peperoni, Garnelen und Koriandergrün in der
   Küchenmaschine zerkleinern. Mit Salz und Pfeffer würzen. Ei und Mehl unter
   die Masse kneten und daraus kleine Bällchen formen. Die Bällchen in Kokosraspeln wälzen und glatt rollen.

3 Das Öl in der Pfanne erhitzen und die Kokos-Garnelen-Bällchen darin
   portionsweise in 6 bis 8 Minuten goldbraun ausbacken. Bis zum Servieren
   auf Küchenpapier abtropfen lassen.

4 Für die Chilisauce den Ingwer schälen, durchpressen, mit der süß-scharfen
   Chili- sowie der Sojasauce und dem Limettensaft verrühren. Frühlingszwiebel
   in Ringe schneiden. Mit dem abgezupftem Koriander unter die Sauce rühren.

Spanische Tortilla

Für 4 normale oder 8 kleine Portionen; Arbeitszeit:
ca. 25 Minuten, Garzeit: ca. 35 – 40 Minuten

Für die Tortilla

450 g TK-Blattspinat, 800 g fest kochende Kartoffeln, 1 Zwiebel, 150 g Frühstücksspeck (Bacon), 5 EL Olivenöl, Salz, Pfeffer aus der Mühle, 6 Eier, Muskat
– Für eine vegetarische Variante den Bacon durch 150 g Champignons ersetzen –

Außerdem: eine große, nicht zu flache, beschichtete Pfanne mit Deckel

Zubereitung

1. Den Blattspinat rechtzeitig auftauen lassen. Kartoffeln waschen, schälen und in
   dünne Scheiben schneiden. Die Zwiebel schälen und fein hacken. Den Bacon in
   Streifen schneiden, sofern noch nicht geschehen, und in einer großen Pfanne
   knusprig braten. Herausnehmen und auf einem Küchentuch abtropfen lassen.

2. Die Kartoffelscheiben in dem Bratfett und in 2 EL Öl etwa 10 Minuten unter
   Wenden anbraten, salzen und pfeffern. Die Zwiebeln zufügen und nochmals
   10 Minuten bei geringer Hitze weiter braten.

3. Den Spinat ausdrücken und mit einem Messer grob hacken. In einer großen
   Schüssel die Eier verquirlen und mit Salz und Pfeffer sowie einer Prise Muskat würzen. Kartoffeln aus der Pfanne nehmen, mit den Eiern und dem Spinat
   mischen. Einen Teil des gebratenen Bacons hineinkrümeln, den Rest zurückbe-
   halten.

4. Die Eier-Spinat-Kartoffelmasse im restlichen Öl in der Pfanne abgedeckt bei
   geringer Hitze in etwa 6 Minuten stocken lassen. Tortilla mit Hilfe eines großen
   Tellers oder des Deckels wenden, weitere 6 Minuten stocken lassen. Herausnehmen, in 4 Portionen oder schmalere Stücke schneiden und mit den restlichen
   Baconstreifen anrichten.

Tacos picante

Für 4 Portionen; Zubereitungszeit: ca. 30–35 Minuten

Für das Chili con Carne

2 rote Zwiebeln, 1 Knoblauchzehe, 1 EL Öl, 300 g Rinderhackfleisch , 1 TL gemahlener Cumin, 1 kleine Dose Kidneybohnen (200 g), Salz, Pfeffer aus der Mühle

Für die Garnitur

1 kleiner Eisberg- oder Romanasalat, 300 g Cocktailtomaten, 80 g schwarze Oliven (entsteint), 1 Bund frischer Koriander, 100 g pikanter Schnittkäse, 2 kleine reife Avocados, Saft einer Zitrone, 2 eingelegte scharfe Chilischoten

Außerdem: Tacos (Fertigprodukt)

Zubereitung

1 Zwiebeln und Knoblauch schälen. 1 Zwiebel längs halbieren, in dünne Halbringe schneiden, beiseite stellen, die andere Zwiebel würfeln. Das Öl in einer Pfanne erhitzen, Zwiebelwürfel und Hackfleisch darin krümelig braten, Knoblauch dazupressen, mit Cumin würzen und bei mittlerer Hitze unter Rühren 5 Minuten weiterbraten. Die Bohnen abspülen, abtropfen lassen, zum Hackfleisch geben, mit Salz und Pfeffer würzen. Das Chili con Carne beiseite stellen.

2 Den Salat zupfen, waschen und trocken schleudern. Cocktailtomaten waschen und vierteln oder achteln. Oliven grob hacken. Koriandergrün waschen, trocken tupfen und die Blättchen abzupfen. Den Käse grob reiben. Avocados halbieren, den Stein entfernen und das Fruchtfleisch aus der Schale heben, in Spalten schneiden und sofort mit Zitronensaft beträufeln. Chilischoten in Streifen schneiden.

3 Salat, Tomaten, die zurückgelegten Zwiebelringe, Chilistreifen, Oliven und Koriander mischen und auf knusprigen Tacos anrichten. Das Chili con Carne darauf geben. Avocado dazu garnieren, alles mit Käse bestreuen und sofort servieren.

Margarita modern Style

Für je 1 Drink; Zubereitungszeit: ca. 5 Minuten

Für die Margarita

4 cl Tequila, 4 cl Rose's Lime Juice, Eiswürfel oder zerstoßenes Eis (Crushed Ice)

Außerdem: einige Limetten, Salz

Zubereitung

1 In ein Rührglas einige Eiswürfel geben, Tequila und den Lime Juice dazugeben, mit einem langstieligen Löffel oder Barlöffel gut mischen.

2 Für die Margaritas geeignete Cocktailschalen oder niedrige Gläser bereithalten. Die Ränder der Schalen oder Gläser mit aufgeschnittenen Limetten befeuchten, dann in ein Salzbett auf einem Teller tauchen. Abklopfen.

3 Nach Wunsch zerstoßenes Eis in die Cocktailschale oder in ein größeres Glas Eiswürfel geben, durch ein kleines Sieb die Tequila-Lime-Mischung dazugießen. Mit Limettenschnitzern anrichten.

4 Für eine oldfashioned Margarita die Zutaten wie unter 1 im Shaker mixen und ohne zusätzliches Eis im Glas anrichten.

Gut zu wissen

Die Wüstenpflanze Agave, genauer gesagt nur die Blaue Agave, liefert den Rohstoff für den Tequila. Er stammt immer aus einer einzigen Region Mexikos nahe der gleichnamigen Stadt. Aus dem Agavensaft, der Pulque, wird durch Destillieren der klare Schnaps gewonnen, der in der Regel 38 bis 45 Vol.-% Alkoholgehalt aufweist. Auch pur trinkt man Tequila, nachdem man etwas Salz vom Handrücken abgeleckt und anschließend in die Limetten-Scheibe gebissen hat. Die Margarita ist die feinere Weiterentwicklung dieser bäuerlich-klassischen Variante.

Caipirinha on Crushed Ice

Für je 1 Drink; Zubereitungszeit: ca. 10 Minuten

Für den Caipirinha

1–2 Limetten nach Größe, Eiswürfel, 1–2 EL brauner Rohrzucker, 5 cl Cachaça (brasilianischer Zuckerrohrschnaps)

Außerdem: 1–2 Limettenblätter, sofern vorhanden

Zubereitung

1 Limette waschen und in grobe Stücke schneiden, in einem hohen Whiskyglas mit einem Holzlöffel ausdrücken, nicht herausnehmen. Eiswürfel in einer Maschine für Crushed Ice oder in ein Handtuch eingeschlagen zerstoßen.

2 Den Zucker zu den Limetten rühren und mit Cachaça beträufeln, gut verrühren. Sofern Sie schöne Limettenblätter haben, diese ebenfalls unterrühren.

3 Die Mischung mit zerstoßenem Eis bedecken und mit Strohhalmen servieren. Der Gute-Laune-Macher Caipirinha ist der Renner unter den Partygetränken geworden, seit man bei uns den Zuckerrohrschnaps in den meisten Supermärkten kaufen kann. In seiner Heimat Brasilien wird der Caipirinha übrigens »on the rocks« über ganzen Eiswürfeln serviert.

Gut zu wissen

Limetten sind glücklicherweise auch bei uns ganzjährig erhältlich. Für einen Caipirinha sind sie absolut unentbehrlich, da ihr Saft einen herberen, intensiveren Geschmack hat als die verwandte Zitrone. Aber auch für andere Cocktails sowie zum Würzen von süßen und pikanten Gerichten sind sie gut geeignet. Da Limetten nicht gespritzt werden müssen, können Sie sie unbedenklich im Ganzen verwenden – ein kurzes Abwaschen oder Abreiben genügt.

Mojito &
Cross-Culture-Snack

Für je 1 Portion; Zubereitungszeit: insgesamt ca. 25 Minuten

Für den Mojito

1 TL feiner Rohrzucker, 1 Limette, 6 cl weißer Rum, kaltes Sodawasser,
2 Minzezweige, grob zerstoßene Eiswürfel

Für die Guacamole

1 kleine Zwiebel, 1 frische scharfe Chilischote, 2 reife Avocados, 1 Limette,
½ Bund Koriandergrün, Salz, Pfeffer aus der Mühle

Außerdem: Reiscracker

Zubereitung

1 In ein Cocktailglas den Zucker mit etwas Sodawasser geben. Die Limette vierteln, den Saft über dem Zuckerwasser auspressen und die Limettenstücke mit ins Glas geben. Mit einem Holzstößel die Limetten im Glas nochmals ausdrücken. Mit einem Barlöffel anschließend gut verrühren.

2 Einen Minzezweig dazugeben, mit dem Holzstößel die Stiele zerquetschen, ohne die Blätter zu beschädigen. Das Glas mit grob gestoßenen Eisstücken füllen, den weißen Rum und etwas Sodawasser dazugeben und noch mal gut umrühren. Mit Minzeblättchen garnieren.

3 Für die Guacamole die Zwiebel und Chilischote fein hacken. Das Fruchtfleisch der Avocados aus der Schale lösen, dann die Limette auspressen. Im Anschluss den Koriander waschen, trocken schütteln und die Blättchen fein hacken. Die Avocados mit dem Saft und dem Koriander in den Mixer geben und pürieren. Das Püree mit der Zwiebel und den Chilistückchen mischen und mit Salz und Pfeffer abschmecken. Auf Reiscrackern servieren.

29

Sommerliche Sangria

Für 12 Portionen; Arbeitszeit: ca. 15 Minuten,
Kühlzeit: ca. 3 – 4 Stunden

Für die Sangria

2 unbehandelte Orangen, 1 unbehandelte Zitrone, 1 Apfel, 2 Pfirsiche, 3 EL Zucker, 250 ml Orangensaft, Saft einer Zitrone, 1 Zimtstange, 3 cl Orangenlikör, 4 cl Weinbrand, 3 Flaschen Rotwein (am besten ein trockener spanischer Landwein)

Außerdem: Gekühltes Mineralwasser oder Eiswürfel nach Wunsch

Zubereitung

1 Orangen und Zitronen waschen, in Scheiben schneiden und die Scheiben vierteln. Den Apfel schälen, entkernen und in Spalten schneiden.

2 Die Pfirsiche über Kreuz einritzen, mit kochendem Wasser kurz überbrühen, kalt abschrecken und die Schale abziehen. Den Stein entfernen und das Fruchtfleisch würfeln.

3 Alle Fruchtstücke in ein Bowlengefäß geben. Mit Zucker, Orangen- und Zitronensaft, Zimtstange, Likör und Weinbrand vorsichtig mischen. Einige Stunden kühl stellen.

4 Danach die Zimtstange entfernen und den Rotwein angießen. Die Bowle mit den Früchten in Trinkgläser füllen. Dabei nach Wunsch über Eiswürfel geben oder mit kaltem Mineralwasser aufgießen.

Erfrischender Sommergenuss

Die Sangria ist wohl das beliebteste Sommergetränk aus Spanien und weltweit verbreitet. So erstaunt es nicht, dass eine Vielzahl unterschiedlicher Rezepte kursiert. Wenn Sie den Geschmack fruchtiger mögen, lassen Sie die Zimtstange und den Likör einfach weg.

Burritos »Gringo«

Für 6 Portionen; Arbeitszeit: ca. 15 Minuten,
Garzeit: ca. 15 Minuten, Backzeit: ca. 10 Minuten

Für die Burritos

125 g Mais (Dose), je 1 rote und grüne Paprikaschote, 2 Zwiebeln, 4 EL Olivenöl,
400 g Hackfleisch, Salz, Pfeffer aus der Mühle, 1 Prise Cayennepfeffer, ½ TL
gemahlener Kreuzkümmel, 1 EL Tomatenmark, 200 g stückige Tomaten (Dose),
1 Prise Zucker, 6 Weizentortillas (Kühlregal), 6 EL Crème fraîche, 200 g geriebener
Käse (zum Beispiel Gouda)

Zubereitung

1 Mais abtropfen lassen. Paprika waschen, putzen, halbieren, Innenhaut und Kerne
entfernen und das Fruchtfleisch in kleine Stücke schneiden. Zwiebeln klein
würfeln.

2 Olivenöl in einer Pfanne erhitzen und das Hackfleisch darin kräftig anbraten.
Zwiebeln und Paprika dazugeben und alles etwa 5 Minuten garen. Mit Salz,
Pfeffer, Cayennepfeffer und Kreuzkümmel würzen. Das Tomatenmark dazu-
geben, kurz mitrösten, dann die Tomaten aus der Dose mit dem Saft und den
Mais unterrühren.

3 Die Masse einige Minuten einkochen lassen, bis fast die gesamte Flüssigkeit ver-
dampft ist. Nochmals mit den Gewürzen und etwas Zucker abschmecken. Den
Backofen vorheizen auf 200 °C Ober-/Unterhitze (Umluft: 180 °C/Gas: Stufe 3).

4 Die Weizentortillas kurz erwärmen, mit der Crème fraîche bestreichen und die
Hackfleischmasse gleichmäßig darauf verteilen. Mit etwas geriebenem Käse
bestreuen. Einschlagen und aufrollen und in eine Auflaufform legen.

5 Die Burritos mit dem restlichen geriebenen Käse bestreuen und im Backofen
einige Minuten überbacken, bis der Käse geschmolzen ist. Sofort servieren.

Wraps »Pacific Coast«

Für 4 Stück; Zubereitungszeit: ca. 40 Minuten,
Ruhezeit: ca. 1 Stunde

Für die Tortillas

160 g Weizenmehl, 3 – 4 EL Öl, etwa 100 ml warmes Wasser, 1 Prise Salz
ersatzweise 4 große Wraps/Weizentortillas fertig aus dem Kühlregal

Für die Füllung

1 EL Kapern, 60 g grüne Oliven, 2 hartgekochte Eier, einige Stängel Petersilie,
2 Dosen Thunfisch (etwa 180 g, naturell), Salz, Pfeffer, einige Eisbergsalatblätter

Zubereitung

1 Für die Tortillas das Mehl mit Salz und Öl in einer Schüssel vermischen, das
warme Wasser nach und nach unter Rühren angießen, so viel, bis der Teig
geschmeidig und glatt wird. Etwa 1 Stunde ruhen lassen.

2 Für die Füllung Kapern, Oliven, Eier und Petersilie fein hacken. Mit dem
Thunfisch mischen, mit Salz und Pfeffer kräftig würzen. Den Eisbergsalat
waschen und kleiner zupfen.

3 Den Tortillateig in 4 gleich große Portionen teilen. Jeweils einen dünnen
Fladen ausrollen; das geht am besten zwischen zwei Lagen Pergamentpapier.
In einer beschichteten, heißen Pfanne ohne Fett von jeder Seite etwa 1 Minute
backen, bis der Fladen kleine dunkelbraune Flecken bekommt. Warm halten.

4 Die Tortillas oder erwärmten Wraps mit Salat belegen, die Füllung darauf
verteilen, einrollen, nach Belieben noch quer halbieren und sofort servieren.

> **Maistortillas selbst backen**
> Mit echtem mexikanischen Maismehl (Masa) können Sie auch selbst Maistortillas
> backen – das erfordert etwas Übung, da das Maismehl weniger gut »klebt«.

Hähnchen
im Tortilla-Bett

Für 4 Portionen; Zubereitungszeit: 20–25 Minuten + 40 Minuten für die Tortillas

Für die Hähnchen-Gemüsemischung

2 Hähnchenbrustfilets, 3 EL Öl, 2 grüne Paprikaschoten, 1 Zwiebel, 1 Knoblauchzehe, 3 Tomaten, Salz, Pfeffer, 1 Avocado, 3 EL Crème fraîche, 2 EL Zitronensaft

Außerdem: 4 Weizentortillas (Rezept Seite 34 oder Fertigprodukt)

Zubereitung

1 Die Tortillas wie auf Seite 34 beschrieben zubereiten, unter Zugabe von 1 EL gehackter Petersilie an den Teig. Im Backofen auf der niedrigsten Stufe warm halten und nach Wunsch noch mit geriebenem Käse überbacken.

2 Für die Füllung die Hähnchenbrüste salzen, pfeffern und in 1 EL heißem Öl auf jeder Seite etwa 5 Minuten braten. Ebenfalls warm halten.

3 Paprika waschen, halbieren, entkernen und in Würfel schneiden. Zwiebel und Knoblauch schälen und fein würfeln, dann in 2 EL Öl anschwitzen, die Paprika zugeben, einige Minuten anbraten, salzen und pfeffern.

4 Tomaten überbrühen, häuten, entkernen und in Würfel schneiden (einige Würfel beiseite legen), den Rest zur Paprika geben und einige Minuten mitdünsten. Die gebratene Hähnchenbrust würfeln und untermischen.

5 Avocado schälen, halbieren, Stein entfernen, in Spalten schneiden und sofort mit 1 EL Zitronensaft beträufeln. Crème fraîche mit 1 EL Zitronensaft verrühren und mit Salz und Pfeffer abschmecken. Die Hähnchen-Gemüse-Mischung auf Teller verteilen, je 1 EL Crème fraîche darüber träufeln, großzügig pfeffern und mit den Weizentortillas belegen. Mit Avocadospalten und Tomatenwürfeln garniert servieren.

Jalapeño-Spieße mit scharfer Erdnusssauce

Für 4 Spieße; Zubereitungszeit: ca. 35 – 40 Minuten

Für die Spieße

400 g Schweinefilet, 1 TL schwarze Pfefferkörner, 4 Pimentkörner, ¼ TL Kreuzkümmel, 1 Knoblauchzehe, 12 mittelscharfe Jalapeño-Chilis, Salz, 3 EL Kräuterbutter

Für die Erdnusssauce

100 g geschälte, ungesalzene Erdnüsse, 2 rote Chilischoten, 200 ml Kokosmilch, 2 EL Erdnusspaste, 1 TL Zucker, 1 – 2 EL Limettensaft

Zubereitung

1 Fleisch abspülen, trocken tupfen und in 12 dünne Scheiben schneiden. Eventuell noch etwas flach klopfen. Pfeffer, Piment, Kreuzkümmel und die geschälte Knoblauchzehe im Mörser sorgfältig zerstoßen. Das Fleisch mit dieser Gewürzmischung einreiben.

2 Die Jalapeños oder vergleichbar mittelscharfe, nicht zu kleine Chilischoten waschen, längs halbieren, Kerne und Innenhäutchen entfernen. Jede Schote mit einer Scheibe Fleisch umwickeln. Je 3 dieser Röllchen auf einen längeren Spieß stecken und salzen.

3 Von der Kräuterbutter 2 Esslöffel in einem kleinen Pfännchen zerlassen. Die Spieße in etwas Öl in einer großen Pfanne in einigen Minuten rundherum durchbraten und während dessen mit der Kräuterbutter bepinseln.

4 Für die Sauce Erdnüsse und Chilis in einer Pfanne ohne Fett goldbraun rösten. Abkühlen lassen und im Mörser zerstoßen. Mit Kokosmilch, Erdnusspaste, Zucker und der restlichen Kräuterbutter 2 Minuten köcheln lassen. Mit Salz und Limettensaft abschmecken und zu den Fleischspießen servieren.

Karibische Chicken Nuggets

Für 4 Portionen; Zubereitungszeit: ca. 25 Minuten

Für die Nuggets

4 Hühnerbrustfilets (ca. 500 g), 2 Eier, Salz, Pfeffer aus der Mühle, etwas Mehl, Paniermehl, gutes Pflanzenöl zum Frittieren

Zum Garnieren

3 kleine rote Chilischoten, 4 Limetten

Zubereitung

1 Hühnerbrustfilets mit einem scharfen Messer in kleinere Schnitzelecken schneiden. Die Eier verquirlen und mit Salz und Pfeffer würzen. Die Hühnerbrustschnitzel zuerst in etwas Mehl, dann im Ei und anschließend in Paniermehl wenden. Das Paniermehl gut andrücken.

2 Reichlich Öl in einer Friteuse auf 180 °C oder in einer hohen Pfanne so lange erhitzen, bis Blasen an einem hineingesteckten Holzlöffel hochsteigen. Die Hühnerschnitzelchen darin von allen Seiten goldbraun frittieren. Auf Küchenkrepp abtropfen lassen.

3 Chilischoten in feine Ringe schneiden. 3 Limetten in dünne Scheiben schneiden, die restliche auspressen. Die Nuggets mit den Limettenscheiben und Chiliringen anrichten und mit dem Limettensaft beträufeln.

Fruchtige Variationen

Auch zu diesem köstlichen kleinen Zwischengericht können Sie die Papayasalsa aus dem Rezept von Seite 42 reichen. Lecker dazu sind auch Ananas- und Mangostückchen zum Aufspießen und pur genießen.

Calamari mit Papayasalsa

Für 4 Portionen; Zubereitungszeit: ca. 35–40 Minuten

Für die Calamari

600 g kleine frische Tintenfische (Calamari), küchenfertig, 5 EL Zitronensaft, Salz, Pfeffer aus der Mühle, 4 EL Olivenöl, 1 EL gehackte Petersilie

Für die Papayasalsa

2 Papayas (je etwa 300 g), ½ Bund Frühlingszwiebeln, 1 rote Paprikaschote, 1 rote Chilischote, Cayennepfeffer, ½ Bund Basilikum

Außerdem: Limettenviertel zum Garnieren

Zubereitung

1 Tintenfische kalt abwaschen und in Stücke von etwa 2 cm Größe schneiden. 3 EL Zitronensaft mit Salz, Pfeffer und Olivenöl verrühren, die Petersilie untermischen. Calamari damit vermengen, zugedeckt kalt stellen.

2 Für die Salsa die Papayas halbieren, entkernen und dünn schälen. Eine Hälfte zur Seite legen, übriges Papayafleisch in kleine Würfel schneiden. Frühlingszwiebeln waschen, putzen und in sehr kleine Würfel schneiden. Paprika waschen, halbieren, entkernen, alle weißen Trennwände rausschneiden und in sehr feine Würfel schneiden. Chilischote längs aufschlitzen, entkernen und sehr klein würfeln.

3 Übrige Papayahälfte grob zerteilen und pürieren. Papayawürfel, Paprika, Frühlingszwiebeln und Chilischote unterheben, mit Salz, Pfeffer, Cayennepfeffer und 2 EL Zitronensaft abschmecken. Basilikum fein hacken und untermischen.

4 Calamari aus der Marinade heben, kurz abtropfen lassen und in einer großen, heißen Pfanne 2 bis 3 Minuten braten. Mit Limettenvierteln auf einer Platte anrichten und die Papayasalsa dazu reichen.

43

Ceviche auf Kreolenart

Für 4 Portionen; Zubereitungszeit: ca. 25 Minuten,
Marinierzeit: ca. 3 Stunden insgesamt

Für den rohen Fisch

300 g Steinbeißer- oder Rotbarschfilet, 2 Limetten – der Fisch muss absolut frisch
sein! Andernfalls können Sie für das Ceviche auch auf Makrelen ausweichen.

Für die Marinade

4 Tomaten, 1 weiße Zwiebel, 1 EL Olivenöl, Salz, Pfeffer aus der Mühle, 1 TL scharfe
Chilisauce (Fertigprodukt), 50 ml Tomatensaft, Saft von ½ Orange

Außerdem: 1 Bund frischer Koriander

Zubereitung

1 Das abgezogene, geputzte und von Gräten befreite Fischfilet gut waschen und
mit Küchenpapier abtrocknen. Den Fisch in eine Glasschüssel legen und mit
dem Saft der Limetten beträufeln. Abgedeckt im Kühlschrank etwa 15 Minuten
durchziehen lassen.

2 Inzwischen für die Marinade die Tomaten überbrühen, abschrecken und häuten.
Entkernen und in kleine Würfel schneiden. Die Zwiebel pellen und fein hacken.

3 Den Fisch aus der Marinade nehmen, trocken tupfen und in mundgerechte
Happen teilen. Wieder in eine Glasschüssel legen. Die Tomaten- und Zwiebelwürfel darauf geben und mit Salz, Pfeffer und Chilisauce würzen. Alles gut vermischen, mit dem Tomaten- und Orangensaft begießen und nochmals 2 bis 3
Stunden im Kühlschrank marinieren.

4 Vor dem Servieren den Koriander abbrausen, trocken schütteln, die Blätter
abzupfen und die Hälfte davon auf 4 Teller verteilen. Den marinierten Fisch
darauf anrichten und mit etwas Marinade beträufeln. Zum Schluss mit dem
übrigen gehackten Koriandergrün bestreuen.

45

Gegrillter Fisch mit Mangosalsa

Für 4 Portionen; Arbeitszeit: ca. 15 Minuten, Garzeit: ca. 10 Minuten

Für die Mangosalsa

2 reife Mangos, 4 Tomaten, ½ Bund frisches Koriandergrün, Olivenöl, Saft von 1 – 2 Limetten, Salz

Für die Fischfilets

4 frische Kabeljaufilets, Olivenöl, Salz, Pfeffer aus der Mühle, 1 – 2 Limetten

Zubereitung

1 Die Schale der Mangos abziehen, das Fruchtfleisch vom Kern schneiden und klein würfeln. Tomaten waschen, halbieren, entkernen und in kleine Würfel schneiden. Das Koriandergrün waschen, trocken tupfen und fein hacken. Mango, Koriander, Tomaten, 2 EL Öl und Limettensaft mischen. Die Salsa mit Salz abschmecken.

2 Fischfilets von etwaigen Häutchen und Gräten befreien, trocken tupfen. Mit Öl beträufeln und in einer heißen Grillpfanne von beiden Seiten goldbraun braten.

3 Die Fischfilets mit Salz und Pfeffer würzen und mit Limettensaft beträufeln. Dekorativ mit der Mangosalsa anrichten. Dazu passen feine Blattsalate.

Mango: Geduld lohnt sich

In unseren Breiten bekommen wir Mangos nicht häufig auf den Punkt gereift. Kaufen Sie lieber festere Früchte ohne braune oder matschige Stellen und lassen Sie die Mangos noch einige Tage bei Zimmertemperatur nachreifen. Ersatzweise können Sie zu köstlich gegrillten Fischfilets auch die Papayasalsa nach dem Rezept von Seite 42 reichen.

Camarones y Papa

Für 4 Portionen; Arbeitszeit: ca. 20 Minuten,
Garzeit: ca. 45 + 8 Minuten, Ruhezeit: 4 Tage

Für das Kartoffelrelish

1 kg Kartoffeln (festkochende Sorte), 200 g Maiskörner (aus der Dose), 150 g
Schalotten, 3 Knoblauchzehen, 1 Stück Ingwerwurzel, 500 ml Weißweinessig,
100 g Rohrzucker, 1 TL Salz, je ¼ TL Cayennepfeffer, Piment und Koriander

Für die Garnelen

300 g küchenfertige Garnelen, Butterschmalz, Salz, Pfeffer aus der Mühle

Außerdem: 2 Einmachgläser à 450 ml

Zubereitung

1 Für das Relish die Kartoffeln waschen, schälen und klein würfeln. Maiskörner
abtropfen lassen. Schalotten und Knoblauch schälen und fein hacken. Den
Ingwer mit einer kleinen Küchenreibe frisch reiben. Die Einmachgläser in
kochendem Wasser sterilisieren, kopfüber abtropfen lassen.

2 Kartoffeln, Schalotten, Knoblauch und Ingwer in einen Topf geben, den Essig
angießen. Rohrzucker, Salz, Cayennepfeffer, Piment und Koriander unterrühren und alles bei mittlerer Hitze etwa 45 Minuten köcheln lassen. Gelegentlich
umrühren.

3 Zum Schluss den Mais hinzufügen und ganz kurz mitkochen lassen. Das fertige
Relish in die vorbereiteten Gläser füllen, die Deckel schließen und vor dem
Servieren etwa 4 Tage ziehen lassen.

4 Butterschmalz in einer Pfanne erhitzen und die Garnelen von beiden Seiten
goldgelb braten. Mit Salz und Pfeffer würzen. Die Garnelen mit dem Relish
anrichten und sofort servieren.

Süßscharfe Hähnchenrouladen

Für 4 Portionen; Arbeitszeit: ca. 25 Minuten, Garzeit: insgesamt ca. 35 – 40 Minuten

Für die Rouladen

4 Hühnerbrustfilets, 2 EL Sonnenblumenöl, 1 Zwiebel (fein gehackt), 1 Knoblauch-zehe (geschält und zerdrückt), je 1 rote und grüne Paprikaschote (in kleine Stücke geschnitten), 60 g Kokosraspel, abgeriebene Schale von 1 Limette, ½ TL Paprika-pulver, ½ TL rote Chilipaste (Fertigprodukt), 1 gestrichener TL Salz, 15 g Butter

Für die Sauce

1 TL Aprikosenmarmelade, Saft einer Limette

Zubreitung

1　Den Backofen vorheizen auf 180 °C Ober-/Unterhitze (Umluft: 170 °C/Gas: Stufe 3). Das Hühnerfilet zwischen 2 Lagen Frischhaltefolie flach klopfen oder ausrol-len. Das Öl in einer Pfanne erhitzen und die vorbereiteten Zwiebeln, Knoblauch und Paprikastückchen bei mittlerer Hitze andünsten. Dann die Kokosraspeln und die Limettenschale dazugeben, umrühren und die Pfanne vom Herd ziehen.

2　Das Gemüse auf die Mitte der 4 Hähnchenfilets verteilen. Die Enden der Filets über der Füllung aufrollen und mit Holzstäbchen feststecken. Paprikapulver, Chilipaste und Salz mischen und jede Roulade damit von außen einstreichen.

3　Die Butter in einer feuerfesten Form zum Schmelzen bringen. Die Hühnchen-rouladen hineingeben und im heißen Ofen in 25 bis 30 Minuten goldbraun backen. Anschließend aus der Form heben und warm stellen.

4　Die Aprikosenmarmelade und den Limettensaft in den Bratensatz geben. Auf dem Herd zum Kochen bringen, die Hitze reduzieren und unter Rühren die Sauce etwas einkochen lassen. Die Rouladen mit der Sauce anrichten.

Veggie-Chili

Für 4 Portionen;
Zubereitungszeit: ca. 25 Minuten

Für das Chili

2 Zwiebeln, 2 Knoblauchzehen, 2 Möhren, 2 Selleriestangen, 2 Dosen Kidneybohnen (ca. 800 g), 2 rote Peperoni (größere, mittelscharfe Pfefferschoten) – wenn Sie es noch milder mögen, nehmen Sie 1 türkische Spitzpaprika – 2 EL Öl, Salz, Pfeffer aus der Mühle, Cayennepfeffer, 5 EL Tomatenmark, 600 ml Gemüsebrühe

Für die Guacamole

1 reife Avocado, Saft einer Zitrone, einige Tropfen Tabasco, 100 g Joghurt

Außerdem: Tortillachips, Crème fraîche, einige Blättchen Koriandergrün

Zubereitung

1 Zwiebeln, Knoblauch und Möhren schälen. Sellerie putzen und waschen. Die Kidneybohnen in einem Sieb kalt abbrausen und gut abtropfen lassen. Peperoni waschen, putzen, die Kerne herausschaben und alle weißen Innenhäute entfernen. Das Fruchtfleisch in feine Würfel schneiden.

2 Zwiebeln in feine Würfel schneiden. Möhren und Selleriestangen ebenfalls fein würfeln. Das Öl in einem großen Topf erhitzen. Zwiebeln und Peperoni dazugeben und bei mittlerer Hitze 2 Minuten andünsten.

3 Bohnen dazugeben und die Gemüsebrühe angießen. Mit Salz, Pfeffer und Cayennepfeffer würzen. Knoblauch dazupressen und das Tomatenmark unterrühren. Alles gut verrühren und 5 bis 6 Minuten köcheln lassen.

4 Für die Guacamole die Avocado halbieren, das Fruchtfleisch mit Zitronensaft und Joghurt pürieren und mit Salz, Pfeffer und Tabasco würzen. Das Chili mit Salz und Pfeffer abschmecken. Auf Tortillachips mit einem Löffel Guacamole und einem Klecks Crème fraîche sowie Koriandergrün anrichten.

Gumbo nach kreolenart

Für 4 Portionen; Arbeitszeit: ca. 45 Minuten,
Garzeit: ca. 1½ Stunden

Für die Gemüsebrühe

3 Stangen Sellerie, 1 rote Paprikaschote, 2 Zwiebeln, 5 EL Pflanzenöl, 2 EL Mehl,
4 – 5 Knoblauchzehen, 4 EL Zitronensaft, Tabasco, 2 Lorbeerblätter, 1 TL frischer
Thymian, Worcestersauce, Salz, Pfeffer aus der Mühle, 300 g Okraschoten

Für die Einlage

3 Frühlingszwiebeln, ½ Bund krause Petersilie, 100 g ausgelöstes Krebsfleisch (kein
Krebsfleischersatz!!!), 250 g küchenfertige Miesmuscheln, 200 g Hühnerbrustfilet,
in mundgerechte Würfel geschnitten, 250 g geschälte, vorgekochte Garnelen

Zubereitung

1 Sellerie und Paprika waschen, putzen und fein würfeln. Zwiebeln schälen und
ebenfalls fein würfeln. Das Öl in einem großen Topf erhitzen, Mehl zugeben
und unter Rühren dunkel anrösten – Vorsicht, nicht anbrennen lassen!

2 Das kleingewürfelte Gemüse unterrühren, Knoblauch schälen und dazupressen.
700 ml heißes Wasser angießen und alles mit Zitronensaft, Tabasco, Lorbeer,
Thymian, einigen Spritzern Worcestersauce, Salz und Pfeffer würzen. Zugedeckt
bei schwacher Hitze etwa 30 bis 40 Minuten köcheln lassen.

3 Okraschoten gründlich waschen, putzen (Stiel und Spitze entfernen) und einmal
durchschneiden. Unter das Gemüse im Topf mischen, jetzt die Lorbeerblätter
entfernen. Wiederum zugedeckt 30 bis 40 Minuten köcheln lassen.

4 Frühlingszwiebeln in dünne Ringe schneiden. Petersilie fein hacken. Zusammen
mit dem Krebsfleisch, den Miesmuscheln, der Hühnerbrust und den Garnelen
zur Gemüsesuppe geben und noch einmal 10 Minuten zugedeckt bei schwacher
Hitze köcheln lassen. Geschlossene Muscheln entfernen, abschmecken.

Kokos-Fisch-Ragout

Für 4 Portionen; Arbeitszeit: ca. 40 Minuten,
Garzeit: ca. 50 Minuten, Wartezeit: ca. 30 Minuten

Für das Ragout

400 g dicke Fischfilets (zum Beispiel Kabeljau oder Steinbutt), 400 g geschälte Riesengarnelen, 2 EL Zitronensaft, 1 Stück frische Kokosnuss, 2 Dosen ungesüßte Kokosmilch, 80 g getrocknete Garnelen, 80 g gemahlene Erdnüsse, 1 Zwiebel, 2 Knoblauchzehen, 2 rote Chilischoten, 4 EL Olivenöl, 1 Lorbeerblatt, Salz, 2 EL Maismehl

Zubereitung

1 Fischfilets und Riesengarnelen waschen. Fischfilets in große, mundgerechte Würfel schneiden, mit Zitronensaft beträufeln und beiseite stellen.

2 Das Stück Kokosnuss schälen und mit dem Sparschäler in hauchdünne Streifen schneiden. Getrocknete Garnelen in einer Pfanne anrösten und im Mörser fein zerdrücken. Die Kokosmilch mit den Erdnüssen und den zerdrückten Garnelen vermischen, aufkochen und offen etwa 20 Minuten köcheln lassen.

3 Zwiebel und Knoblauch schälen und in Scheiben schneiden, Chilischoten längs halbieren, entkernen, waschen und fein hacken. In einem Topf 3 EL Öl erhitzen, Zwiebeln, Knoblauch, Chilis und Lorbeer darin andünsten. 400 ml Wasser angießen und das Ganze etwa 5 Minuten köcheln lassen, salzen. Den vorbereiteten Fisch und die Garnelen dazugeben und zugedeckt hei schwacher Hitze weitere 5 Minuten ziehen lassen, dann herausheben und beiseite stellen.

4 Fischsud und Kokosmilch durch ein Sieb in einen Topf gießen und erhitzen, Maismehl mit wenig Wasser anrühren, zur Kokosbrühe gießen und unter Rühren in etwa 20 Minuten cremig einköcheln lassen. Zum Servieren nochmals abschmecken und auf Teller geben. Die Fischstücke mit Garnelen, restlichem Öl und der beiseite gestellten Kokosmilch dazugeben, salzen und mit den Kokosstreifen garnieren.

Karibisches Süßkartoffelgratin

Für 4 Portionen; Arbeitszeit: ca. 15 Minuten,
Garzeit: ca. 30 Minuten, Backzeit: ca. 20 Minuten

Für das Gratin

400 g Süßkartoffeln, 2 Kochbananen, 1 große Zwiebel, 2 rote Chilischoten, 1 Stück frische Ingwerwurzel, 4 EL Öl, 125 ml Gemüsebrühe, 300 ml ungesüßte Kokosmilch (aus der Dose), 2 Vanilleschoten, 2 EL Currypulver, Salz, 2 TL Rohrzucker, 1 TL Zimtpulver, 2 cl Rum, 6 EL geriebener Gruyère-Käse

Außerdem: Fett für die Form

Zubereitung

1 Süßkartoffeln waschen, schälen und würfeln. Bananen schälen und in dickere Scheiben schneiden. Zwiebel schälen und fein hacken. Chilischoten längs halbieren, entkernen, waschen und in feine Streifen schneiden. Ingwerwurzel schälen und fein hacken.

2 In einem Topf das Öl erhitzen. Zwiebeln, Chilis und Ingwer darin andünsten. Die Bananenscheiben hinzufügen und etwa 6 Minuten braten, dabei einmal wenden. Brühe und Kokosmilch angießen, alles zugedeckt 10 Minuten bei schwacher Hitze garen.

3 Backofen vorheizen auf 200 °C Ober-/Unterhitze (Umluft: 180 °C/Gas: Stufe 3). Das Mark aus den Vanilleschoten schaben und in die Sauce rühren, die Süßkartoffelstücke dazugeben, mit Curry, Salz, Zucker, Zimt und Rum würzen und alles weitere 10 Minuten garen.

4 Zwei Drittel vom Käse unter das Bananen-Süßkartoffel-Gemüse mischen, das Gemüse in eine gefettete Auflaufform füllen. Mit dem restlichen Käse bestreuen und im vorgeheizten Backofen etwa 20 Minuten überbacken.

Fischpäckchen im Bananenblatt

Für 4 Portionen; Arbeitszeit: ca. 40 Minuten,
Garzeit: ingesamt ca. 20 Minuten

Für die Fischpäckchen

1 Knoblauchzehe, 2 rote Chilischoten, 1 Bund Koriander, 100 g gesalzene Erdnüsse,
1 EL Zucker, 3 EL Erdnussöl, 4 Wolfsbarschfilets (à 140 g), 1 großes Bananenblatt

Für das Püree

1 Blumenkohl (600 g), 200 ml Kokosmilch, Salz, Pfeffer, 6 Kaffir-Limettenblätter

Zubereitung

1 Knoblauch und Chilischoten ohne Kerne hacken. Koriander waschen, trocken
tupfen und die Blättchen abzupfen. Aus Knoblauch, Chili, Koriander, Erdnüssen,
Zucker und Öl im Mörser oder Mixer eine grobe Paste herstellen.

2 Die Fischfilets waschen, trocken tupfen, mit der Hautseite nach unten legen, zur
Hälfte mit je 1 Esslöffel Paste bestreichen und zusammenklappen. Das Bananenblatt waschen, trocken tupfen und in vier Teile schneiden (ersatzweise Backpa-
pier). Die Fischpäckchen darin einschlagen, falls nötig, zusammenbinden.

3 Den Blumenkohl putzen, waschen und in Röschen teilen. Den Blumenkohl im
Bambuseinsatz für einen Wok zugedeckt 10 Minuten dämpfen (oder im geloch-
ten Garbehälter eines Dampfgarers bei 100 °C 7 Minuten garen). Die Fischpakete
ebenfalls 10 bzw. 7 Minuten garen.

4 Die Kokosmilch in einem Topf erwärmen. Zusammen mit dem Blumenkohl
pürieren, mit Salz und Pfeffer abschmecken. Die Limettenblätter waschen,
trocken tupfen und in hauchdünne Streifchen schneiden. Die Fischpakete
auswickeln, auf dem Püree anrichten und mit Limettenblättern bestreuen.

Mexikanisches Huhn mit Mole

Für 4 Portionen; Arbeitszeit: ca. 25 – 30 Minuten,
Bratzeit: 1 Stunde

Für die Mole (= traditionelle mexikanische Schokoladensauce)

400 g geschälte Tomaten (Dose), 120 g geschälte Mandeln, 80 g Zartbitterschokolade, 2 Knoblauchzehen, 1 Zwiebel, 1 Jalapeño-Chilischote, 80 g Rosinen, 2 EL Sesamkörner, 1 EL Zimtpulver, 1 EL Chilipulver, 1 TL Cuminpulver, ½ TL Nelkenpulver, ¼ TL Anissamen, ca. 500 ml Geflügelbrühe

Außerdem: 1 bratfertiges Huhn mit ca. 1,2 kg Gewicht

Zubereitung

1 Das Huhn kalt abspülen, trocken tupfen, in 4 bis 6 Stücke zerteilen und in eine Auflaufform geben. Den Backofen vorheizen auf 200 °C Ober-/Unterhitze (Umluft: 180 °C/Gas: Stufe 3).

2 Für die Schokoladensauce die Tomaten grob hacken und mit ihrem Saft in einen Mixbecher geben. Die Mandeln und die Schokolade hacken und hinzufügen. Den Knoblauch schälen, durch die Presse zu den übrigen Zutaten drücken. Die Zwiebel schälen und fein würfeln. Die Chilischote putzen, entkernen, fein hacken und ebenso wie die Zwiebeln und die restlichen Gewürze zu den Tomaten geben. Alles mit dem Mixstab zu einer glatten Sauce verarbeiten.

3 Die Mole mit 300 ml von der Brühe vermischen und über das Fleisch geben. Die Fleischstücke mehrfach in der Mole wenden. Im vorgeheizten Backofen etwa 1 Stunde garen. Das Hühnchenfleisch dabei immer wieder mit der Sauce begießen. Wenn die Mole zu dickflüssig wird, noch etwas Brühe zugeben. Danach sofort servieren und nach Wunsch mit Korianderblättchen, geröstetem Sesam und frischem Salat anrichten.

Jambalaya

Für 4 Portionen; Arbeitszeit: ca. 25 – 30 Minuten,
Garzeit: ca. 30 Minuten

Für den Eintopf

5 reife Tomaten, 1 Zwiebel, 3 Frühlingszwiebeln, 4 EL Öl, 4 Hühnerbrustfilets, 2 rote
Paprikaschoten, 1 Selleriestange, 2 Knoblauchzehen, 500 ml Hühnerbrühe, 2 kleine
getrocknete Chilis, 2 Lorbeerblätter, 2 TL getrockneter Thymian, ½ TL Kreuzküm-
melpulver, etwas Koriandergrün

Zubereitung

1 Die Tomaten waschen, überbrühen, häuten und vierteln. Zwiebeln fein hacken
und Frühlingszwiebeln klein schneiden, beides im Öl andünsten. Das Hühnerfleisch in mundgerechte Würfel schneiden und ebenfalls mit anbraten. Klein
geschnittene Paprika und Selleriestangen sowie fein gehackten Knoblauch dazu
geben und mitbraten, dann den Reis noch weitere 2 Minuten mitbraten.

2 Brühe angießen und die Tomaten dazugeben. Den Chili hineinbröseln, alles
mit Kreuzkümmel, Thymian und Lorbeer würzen.

3 Aufkochen lassen, dann die Hitze etwas reduzieren und zugedeckt etwa
20 Minuten köcheln lassen, bis der Reis gar ist. Das Jambalaya vor dem Servieren abschmecken und mit abgezupften und klein gehackten Korianderblättchen
bestreut anrichten.

Gut zu wissen

Schon der klangvolle Name dieses Gerichts – Jambalaya – weckt Urlaubsträume.
Der Einfluss der spanischen Paella ist unverkennbar, doch die kreolische Küche
entwickelte ihre ganz eigene Version. Bevorzugte Zutaten sind meist herzhafter
Rauchschinken und Cajun-Gemüse, zu denen Selleriestangen, Zwiebeln und
grüne Paprikaschoten gehören. Das oben stehende Rezept ist eine Variante mit
roten Paprikaschoten für ein stärkeres Aroma sowie zartem Hühnerfleisch.

Pikanter Exotensalat

Für 10 Portionen; Zubereitungszeit: ca. 30 Minuten

Für den Obstsalat

3 reife Mangos (à 450 g), 1 Ananas (1,2 kg), 2 Papayas (à 350 g), 2 rote Chilischoten, 100 ml frisch gepresster Orangensaft, 100 ml ungesüßte Kokosmilch (aus der Dose), ½ EL Speisestärke, 3 – 4 EL Weißweinessig, 4 EL Öl, Salz, Pfeffer, 1 – 2 TL Zucker

Außerdem: 1 Bund Koriandergrün

Zubereitung

1 Die Mangos schälen, das Fruchtfleisch zuerst vom Stein und dann in Spalten schneiden. Die Ananas schälen, die braunen Augen entfernen, vierteln und den harten Strunk aus der Mitte herausschneiden. Ananas in Spalten schneiden. Die Papayas schälen, halbieren, entkernen und ebenfalls in Spalten schneiden. Die Chilischoten entkernen und fein würfeln.

2 In einem kleinen Topf den Orangensaft mit der Kokosmilch aufkochen. Die Speisestärke in einer Tasse mit etwas kaltem Wasser anrühren, zu der Orangen-saft-Mischung gießen, unter Rühren aufkochen und leicht binden.

3 Die Flüssigkeit abkühlen lassen, dann mit Essig und Öl verrühren und mit Salz, Pfeffer, Zucker und den Chilis würzen. Die Früchte mit der Marinade übergießen und vorsichtig mischen. Vor dem Servieren mit grob gehacktem Koriandergrün bestreuen.

Gut zu wissen

In Mittelamerika und der Karibik, wo die herrlichsten Tropenfrüchte wachsen, ist es nicht ungewöhnlich, dass frisches Obst mit herzhaften, ja sogar scharfen Zutaten gemischt wird. Besonders die herbsüße Ananas harmoniert hervorragend mit pikanten Saucen und wird umgekehrt gern in Fleisch- und Geflügelgerichten verwendet.

Crème brûlée von Kokosmilch

Für 4 Portionen; Arbeitszeit: ca. 10 Minuten,
Garzeit: ca. 20 + 5 Minuten, Wartezeit: zweimal ca. 30 Minuten

Für die Crème brûlée

600 ml Kokosmilch, 1 Vanillestange, 6 Eigelb, 4 EL Puderzucker, 2 EL brauner Zucker

Außerdem: 4 feuerfeste Puddingförmchen

Zubereitung

1 Die Kokosmilch in einen Topf geben. Die Vanillestange der Länge nach halbieren und in der Kokosmilch erhitzen, jedoch nicht zum Kochen bringen. Von der Herdplatte nehmen und 30 Minuten ziehen lassen.

2 Den Backofen vorheizen auf 160 °C Ober-/Unterhitze (Umluft: 150 °C/Gas: Stufe 2). Das Vanillemark aus der Vanillestange herauskratzen, zurück in die Kokosmilch geben und den Rest entfernen.

3 Eigelbe in einer Schüssel mit Puderzucker weißschaumig schlagen. Die Kokosmilch noch mal erhitzen und unter Rühren auf die Eigelbmasse gießen. Kräftig rühren, bis eine glatte Creme entsteht.

4 Die Fettpfanne in die Mitte des Backofens schieben und halb mit Wasser füllen. Die Crème durch ein Sieb in die Förmchen gießen. Die Förmchen ins Wasser stellen und 20 Minuten backen, bis die Crème stichfest ist.

5 Die Förmchen aus dem Ofen nehmen und komplett auskühlen lassen.

6 Vor dem Servieren mit dem braunen Zucker bestreuen und kurz unter dem heißen Backofengrill karamellisieren lassen.

Mango-Minz-Eis >>to go<<

Für 2–4 Portionen; Arbeitszeit: ca. 10–15 Minuten, Kühlzeit: einige Stunden

Für das Eis

1 reife Mango (etwa 400–500 g), 1 Becher Sahnejoghurt, 1 EL Schmand, 1–2 EL Honig, 1–2 EL Limettensaft, 1 Handvoll Minzeblättchen

Zum Anrichten

Förmchen für Eis am Stiel, Zitronengrasstängel, ersatzweise Holzstiele

Zubereitung

1 Mango schälen, das Fruchtfleisch vom Kern schneiden und mit einem Stabmixer pürieren. Joghurt und Schmand unterrühren, mit Honig und Limettensaft abschmecken.

2 Minzeblättchen waschen, trocken tupfen und klein schneiden. Unter die Frucht-Joghurtmasse rühren.

3 Die Masse in den Förmchen verteilen. Besonders hübsch sieht es aus, wenn Sie jeweils einen Zitronengrasstängel in die Mitte stecken. Das Eis im Gefrierfach in einigen Stunden fest werden lassen.

> **Sommerzeit – Eiszeit!**
> Nicht nur Kinder lieben es, Eis zu schlecken. Auch zur Gartenparty-Fiesta im Sommer passt selbst gemachtes Eis am Stiel einfach ideal und ist obendrein leicht und rasch herzustellen. Wenn Sie Varianten mit reifen Sommerfrüchtchen ausprobieren wollen – auch Himbeeren vertragen sich gut mit Limetten- und Minzaroma. Süße Erdbeeren, sanfte Pfirsiche oder auch Exoten wie Guave und Papaya bieten sich ebenso als Basis für den Eisgenuss an.

Mango-Limetten-Creme

Für 4 Portionen; Arbeitszeit: ca. 30 Minuten,
Kühlzeit: insgesamt ca. 3 bis 3½ Stunden

Für die Creme

1 reife Mango (etwa 500 g), 1 große Limette, 1 EL brauner Rohzucker,
200 g Magerquark, 3 Blatt weiße Gelatine, 50 g Sahne

Außerdem: Limettenscheiben zum Garnieren

Zubereitung

1 Die Mango dünn schälen, das Fruchtfleisch in Spalten vom Stein schneiden.
Die Limette heiß waschen – Limetten sind zwar gewachst, aber nicht gespritzt –
und mit dem Zestenreißer einige feine Schalenstreifen abziehen, zum Garnieren
beiseite legen.

2 Die übrige Schale abreiben, den Saft der Limette auspressen. Beides mit dem
Mangofleisch und dem Zucker im Mixer pürieren. Den Quark untermischen.

3 Gelatine in kaltem Wasser etwa 10 Minuten einweichen. Tropfnass in einen
kleinen Topf geben und unter Rühren auflösen, dann nach und nach unter
den Mangoquark rühren und diesen etwa 30 Minuten kalt stellen.

4 Anschließend die Sahne steif schlagen und unterheben. Nach Belieben in
Dessertschalen verteilen. Die Mangocreme noch etwa 2 bis 3 Stunden kalt
stellen. Mit Limettenscheiben und Limettenschalen garniert servieren.

Nachspeisen auf mexikanisch

Das Angebot an »postres« in Mexiko umfasst sehr häufig fruchtige und süße
Cremes und Schaumspeisen. Gerne benutzt man Kaffeelikör oder Eierlikör und
natürlich Rum zum Aromatisieren. Unser Rezept ist eine alkoholfreie Variante,
die Sie jedoch nach Belieben mit einem Schuss Rum oder Zuckerrohrschnaps
veredeln können.

Piña-Colada-Fantasie

Für 4 Portionen; Zubereitungszeit: ca. 50 Minuten,
Kühlzeit: ca. 24 bzw. ca. 3–4 Stunden

Für das Piña-Colada-Eis

10 Eigelb, 160 g Zucker, einige Scheiben Ananas (sehr reif, ersatzweise aus der Dose), 500 ml Kokosmilch, 10 cl Rum

Für die gebratenen Früchte

1 reife Ananas, 1 Papaya, 1 Mango, 2 Kiwis, 2 Bananen, 50 g Butter, 200 g Zucker, 4 Sternanis, 4 Zimtstangen, 2 Vanillestangen, 4 Safranfäden, frisch gemahlener Sichuanpfeffer, 1 TL Lebkuchengewürz

Außerdem: 37 cl Curaçao, 100 g Zucker

Zubereitung

1 Für das Eis mit einem Handrührgerät Eigelb und Zucker weißschaumig schlagen. Ananasfruchtfleisch pürieren – es soll 50 Zentiliter ergeben – und mit der Kokosmilch zum Kochen bringen. In einem weiteren Topf mit der Eigelbcreme mischen und unter Rühren auf maximal 85 °C erhitzen.

2 Die Masse in eine Schüssel geben und den Rum unterrühren, dann 24 Stunden kalt stellen. 30 Minuten vor dem Servieren in die Eismaschine geben und gefrieren lassen. Ersatzweise 3 bis 4 Stunden ins Gefrierfach stellen und alle 30 Minuten durchrühren.

3 Für den Guss Curaçao und Zucker mischen. Bei schwacher Hitze auf Sirupkonsistenz reduzieren lassen. Gut abkühlen lassen.

4 Die Früchte schälen und klein schneiden. Die Butter in einer großen Pfanne erhitzen. Zucker und Sternanis, Zimtstangen, aufgeschlitzte Vanillestangen, Safranfäden sowie die Früchte hineingeben und bei mittlerer Hitze karamellisieren lassen. Mit Lebkuchengewürz und Sichuanpfeffer bestäuben.

5 Die gebratenen Früchte mit dem Piña-Colada-Eis auf Tellern anrichten. Den Curaçao-Guss über das Eis träufeln und nach Belieben garniert servieren.

Pekannuss-Pudding

Für 4 Portionen; Zubereitungszeit: ca. 30 Minuten, etwas Wartezeit

Für den Pudding

200 g Pekannüsse, 25 g Butter, 100 g Zucker, 500 ml Milch, ½ TL Bourbonvanille, 80 g Zucker, 70 g Hartweizengrieß, 1 Prise Salz, abgeriebene Schale einer Zitrone, 2 Eigelb, 2 Eiweiß

Außerdem: einige Pekannusshälften zum Garnieren, Ingwerstäbchen nach Wunsch

Zubereitung

1 Pekannüsse knacken, auslösen und fein hacken, einige schöne Nusshälften beiseite legen. In einer Pfanne die Butter erhitzen, den Zucker hineingeben und die gehackten Pekannusskerne darin bei geringer Hitze karamellisieren lassen.

2 Milch, Vanille und Zucker zum Kochen bringen. Den Grieß einstreuen und unter Rühren aufkochen lassen, Salz und Zitronenschale darunter mischen und den Grießbrei einige Minuten ausquellen lassen.

3 Eigelb mit etwas heißem Grießbrei vermischen, anschließend unter den restlichen Brei rühren.

4 Eiweiß sehr steif schlagen und unter die Grießcreme ziehen, die Hälfte der karamellisierten Pekannüsse untermischen.

5 Den Pudding in Gläser füllen und mit den übrigen karamellisierten Nusskernen bedecken. Jeweils 1 bis 2 schöne Pekannusshälften auf jeden Pudding setzen. Abkühlen lassen und nach Belieben mit kandierten Ingwerstäbchen servieren.

Gut zu wissen

Die Pekans ähneln unseren Walnüssen, sind aber süßer, und ihre dünnere Schale lässt sich leicht knacken. Die größten Vorkommen gibt es in Texas und in Georgia. Pekan-Pie und Pekan-Süßigkeiten sind sehr verbreitet.

Flambierte Bananen
»Colima«

Für 4 Portionen; Zubereitungszeit: ca. 20 Minuten

Für die flambierten Bananen

4 reife, aber nicht zu weiche Bananen, 2 EL Butter, 2 unbehandelte Zitronen,
1 Orange, 2 EL gehackte Mandeln, 1 EL Zucker, 2 EL flüssiger Honig, 4 EL Rum
(54 Vol.-%)

Außerdem: 4 Kugeln Kokoseis (Fertigprodukt)

Zubereitung

1 Bananen schälen und der Länge nach halbieren. In einer Pfanne 1 EL Butter
erhitzen, die Bananen darin von beiden Seiten bei starker Hitze gold-braun
anbraten, vorsichtig aus der Pfanne nehmen und zugedeckt warm stellen.

2 Zitronen gründlich waschen und abtrocknen. Die Schale mit einer kleinen
Küchenreibe abreiben. Zitronen und Orange auspressen.

3 Restliche Butter in der Pfanne erhitzen, die gehackten Mandeln darin kurz
anrösten. Zucker einrühren, dann die Zitronenschale, den Zitronen- und
Orangensaft unterrühren und alles bei schwacher Hitze etwa 3 Minuten
köcheln lassen.

4 Bananen auf vier Teller verteilen, mit Sauce begießen, jeweils etwas Honig
darüber träufeln. Je 1 EL Rum darüber gießen. Bei Tisch entzünden und die
Bananen flambieren. Dazu passt am besten Kokoseis.

Gut zu wissen

Wer denkt bei Karibik nicht an Sonne, Sand, Meer und Kokospalmen? Herrli-
che Kokosnüsse wachsen in der westmexikanischen Provinz Colima, die diesem
Rezept ihren Namen gab.

Rezepte